SAÜL

OU

L'OMBRE DE SAMÜEL

TRAGÉDIE

Tirée de l'Ecriture ſainte ;

Avec des Intermedes mis en muſique.

SERA REPRESENTÉE

AU

COLLEGE D'HARCOUR

POUR LA DISTRIBUTION DES PRIX,

Le lundi douziéme jour d'Aouſt, à une heure préciſe.

A PARIS,

Chez FRANÇOIS BARROIS, ruë de la Harpe proche le College d'Harcour.

M. DCC. XV.

SUJET DE LA TRAGEDIE.

AUL fut élû premier Roy d'Israël; après de longues prosperitez, il fut reprouvé pour avoir épargné le sang d'Agag, Roi des Amalecites. Dieu lui avoit ordonné d'en exterminer la race; mais irrité de sa clemence, il permit que dans un sanglant combat contre les Philistins, où ses Enfans furent tuez, il perdît lui-même la bataille & la vie. Le Sceptre d'Israël passa dans les mains de David, qui pour se dérober aux persecutions de Saül, s'étoit retiré auprès d'Achis Roy des Philistins.

La Scene est au pied de la Montagne de Gelboé.

ACTE PREMIER.

ARBAS attend Achis pour lui remontrer combien sa confiance pour David est dangereuse. C'est en vain qu'Achis lui allegue les justes sujets que David a de se plaindre de Saül & de le redouter ; Arbas ne se rend point à ses raisons specieuses, & represente enfin au Roi des Philistins qu'il lui est important d'écarter David par des raisons prises des dispositions de l'armée prête à se revolter, du génie & de la religion des Juifs, toûjours prêts de sacrifier leurs ressentimens à l'interêt de leur Patrie. Achis consent avec douleur de l'éloigner, après avoir rendu tous les témoignages qu'il devoit à sa vertu ; mais pour tirer de lui des services éclatans, sans le gêner dans l'inclination qui pouvoit l'attacher à un parti où il trouvoit des objets capables d'interesser si puissamment sa tendresse & sa pieté, il le renvoye contre Amalec dont il craignoit les incursions. David se charge de cette expedition d'autant plus volontiers, qu'outre les marques éclatantes qu'il pouvoit donner à Achis de sa reconnoissance & de son attachement, il avoit encore à combattre contre un Peuple que Dieu avoit proscrit, & qu'il esperoit même pouvoir n'être pas inutile à la gloire de sa Nation. Jonathas apprend que David est à la tête des Philistins, il prend la résolution de passer dans le Champ d'Achis pour s'instruire plus particulierement de la verité. Accoûtumé aux actions heroïques, l'image du péril ne l'arrête point, on le mene à David, surpris de la grandeur de son courage, & après un éclaircissement qui r'assure Jonathas, ils se séparent avec toutes les marques d'une tendresse mutuelle, que la nature commence & que la vertu perfectionne.

INTERMEDE.

CHOEUR DE PHILISTINS.

Une Voix.

CE jour ne nous promet que des ſuccès heureux ;
D'un Heros immortel le départ nous r'aſſûre ,
Sa retraite d'un Camp nombreux
Fait tomber le murmure.
Au mépris de Saül , les filles des Hebreux ,
De David en leurs chants ont celebré la gloire :
Et comment a-t-on crû qu'il pût tourner contre eux
Un bras ſi ſûr de la Victoire ?

Une autre.

Courons vanger le ſang de tant de Philiſtins ,
Iſraël va périr , c'eſt l'arrêt des Deſtins.

Le Chœur repete.

Courons vanger le ſang de tant de Philiſtins ;
Iſraël va périr , c'eſt l'arrêt des Deſtins.

Une Voix.

Sa fureur a vingt fois troublé la paix profonde
Dont Aſcalon avoit goûté.
Le Jourdain de leur ſang a vû rougir ſon onde ;
Comblé de mille morts ſon cours s'eſt arrêté.
Dans ſon orguëil le Juif n'a-t-il pas rejetté
Et tous les Dieux du Ciel , & tous les Rois du Monde ?

Le Chœur reprend.

Courons vanger le ſang de tant de Philiſtins ,
Iſraël va périr , c'eſt l'arrêt des Deſtins.

Une autre Voix.

En vain nous prétendons réduire
Cette ſuperbe Nation ;
Une inviſible main qui protege Sion ,
Veut la punir , & non pas la détruire :
Jamais le Ciel dans ſon courroux ,
N'offrit un Ennemi plus digne de nos coups.

Une autre.

Dans le funeste cours d'une sanglante guerre
J'ai vû Saül porter la terreur en tous lieux ;
J'ai vû partir des éclairs de ses yeux,
Et son bras lancer le tonnerre.

Une autre.

Ce n'est plus ce même Vainqueur
Dont l'Univers entier a redouté l'audace ;
L'effroi qu'il répandoit a passé dans son cœur,
Et le Dieu qu'il adore a détourné sa face.

Le Chœur reprend encore.

Courons vanger le sang de tant de Philistins,
Israël va périr, c'est l'arrêt des Destins.

ACTE SECOND.

SAUL apprend la retraite de David, & n'imputant qu'à sa vertu une conduite si digne d'un Heros, Abner l'instruit des raisons particulieres qui ont obligé Achis de l'éloigner du Camp après l'avoir comblé de tous les honneurs qui pouvoient le flatter davantage. Cet entretien réveille insensiblement la jalousie de Saül par la comparaison des prosperitez de David avec les malheurs dont il est lui-même accablé, funeste prix de sa clemence à l'égard d'un Roi que la victoire avoit remis dans ses mains. Abner lui montre la fausseté des vertus humaines & l'impenetrabilité des decrets de Dieu ; mais après tout, il tâche de ranimer sa confiance & sa valeur : tous ses efforts sont vains, & ce malheureux Prince après avoir mandé ses enfans tombe dans les derniers égaremens de l'esprit. Son imagination seduite lui retrace les images les plus sanglantes & les plus terribles. Il revient enfin à lui-même, Jonathas lui apprend les dispositions de son Armée & les mouvemens des Ennemis, il le presse de les forcer dans leurs retranchemens. Josué soûtient les instances de son frere ; mais à quels combats n'expose point sa tendresse la valeur naissante d'Adonias qui ne peut souffrir que la foiblesse de son âge lui dérobe la gloire de combattre ? Il veut se servir d'Adob, pour le détourner d'une résolution qu'il admire lui-même; mais il retrouve dans Adob les sentimens d'Adonias, & ce genereux ami ne connoît point d'autres ménagemens que ceux qui regardent la gloire du jeune Prince. C'est dans cette cruelle situation d'esprit que Saül va consulter le Ciel, & chercher dans les flancs des victimes des presages de sa destinée.

INTERMEDE.

CHOEUR DE JUIFS.

Une Voix.

O Profondeur des Decrets souverains !
Adorables écueils des esprits des humains.
Saül regne sur nous, & l'Eternel lui-même
Sur un Trône éclatant place un Berger qu'il aime :
Ses bienfaits à grands flots se répandent sur lui,
La Victoire répond à son cœur magnanime ;
Le Seigneur cependant l'abandonne aujourd'hui,
Et sa clemence est tout son crime.

Le Chœur.

O profondeur des Decrets souverains,
Adorables écueils des esprits des humains.

Une Voix.

Sur les sacrez autels fume en vain la victime ;
Dans un Héros juste & pieux,
L'obéïssance légitime
Est plus agréable à ses yeux
Que le sang le plus précieux.

Une autre.

Pour lui l'offrande la plus pure
Est une ame soumise à ses augustes Loix,
Sa parole éternelle a créé la nature,
Le Monde en se formant obéït à sa voix ;
Sans nous laisser toucher d'une pitié funeste,
Quand le Ciel a parlé, n'écoutons plus le reste.

Le Chœur.

Sans nous laisser, &c.

Une Voix.

Hélas! auroit-on crû que du Ciel abhorré,
Jusques dans Agag même,
Le sang des Rois n'eût pas été sacré?
Le Seigneur trace en eux sa majesté suprême,
Dans nos respects pour eux il veut être adoré.

Une autre.

L'éclat de la Courone
Est un don de sa main,
Nul ne s'éleve sur le Trône
Qui n'y soit soûtenu par son bras souverain.

Une autre.

Souvent de sa bonté le crime est le salaire
Mais de ses châtimens les Mortels éperdus
Ont vû dans sa colere
Les Princes dissipez, & les Rois confondus.

Le Chœur.

Sans nous laisser toucher d'une pitié funeste,
Quand le Ciel a parlé, n'écoutons plus le reste.

ACTE TROISIE'ME.

JONATHAS s'informe de l'état de son Pere, & sur ce qu'il apprend d'Azarias qu'il n'est sorti du Temple qu'avec plus de trouble & de fureur, il ne balance plus à se mettre à la tête des Troupes & à donner le combat à l'insçu de Saül. Josué le seconde dans ses desseins; mais leur tendresse ne leur permet pas d'exposer au péril le jeune Adonias, ils prennent des mesures pour le faire enlever. Adod qui suit tout ce qui regarde Adonias, developpe & revele le secret de l'entreprise. Asser arrive alors au Camp des Ennemis où il s'étoit jetté par ordre du Roi, il l'informe de l'état de leur armée & de leurs desseins, & ne doute plus que ce jour n'éclaire entre les deux parties une bataille sanglante. Saül s'attendrit sur l'impossibilité de mettre les jours de son cher Adonias à couvert, il écarte pour un moment touts ses enfans, il ouvre le fond de son cœur à Asser, & lui laisse voir, sous quelques dehors encore qui imposoient, tous ces effets que la main de Dieu répand dans le cœur d'un Prince lors qu'elle s'appesantit sur lui, & veut donner dans sa personne un exemple terrible à tous les Rois. Asser ne connoît plus de ressources dans ces malheurs, & est contraint de recourir à un pouvoir sur lequel le dernier aveuglement ne peut fonder que de legeres esperances : il lui presente le secours des Magiciens, & lui propose d'évoquer par eux l'ombre du Prophete Samuel, qui peut seul lui découvrir le secret de ses destinées, & le regler sur le parti qu'il doit prendre. Saül après avoir resisté quelque tems, se laissent traîner aux conseils dangereux de ce Favori.

INTERMEDE.

CHOEUR DE JUIFS.

Une Voix.

Contre Israël le Philistin s'apprête,
Courons nous affranchir d'un funeste pouvoir.
Que tardons-nous ? quel ordre nous arrête ?
N'écoutons plus qu'un noble desespoir.

Le Chœur repete.

Que tardons-nous ? quel ordre nous arrête ?
N'écoutons plus qu'un noble desespoir.

Une voix.

Un Roi toûjours victorieux
Que le Ciel appelloit à l'Empire du Monde,
Va flêtrir en un jour mille Exploits glorieux.
D'Asser en ses transports la fureur le seconde.
Quel sujet maintenant le dérobe à nos yeux ?
Tout ne retrace ici que desseins odieux !
Quelle horreur vient se joindre à cette nuit profonde !
Quel silence regne en ces lieux !

Une autre.

Loin d'écarter une horrible tempête,
Ciel, quel affreux projet il nous laisse entrevoir!

Le Chœur reprend.

Que tardons-nous; quel ordre nous arrête?
N'ecoutons plus qu'un noble desespoir.

Une Voix.

Suivons de Jonathas la voix qui nous appelle;
La gloire d'Israël est remise en ses mains;
A voler sur ses pas la victoire fidelle
Peut de la gloire encor nous r'ouvrir les chemins.

Une Voix.

En vain cent Rois liguez attaquent cet Empire,
Sa valeur en promet un triomphe certain:
Suivi de sa vertu lui seul a pû suffire,
Pour renverser l'orgüeil de l'altier Philistin.

ACTE QUATRIE'ME.

DAVID jugeant par la disposition des deux armées que l'on ne seroit pas long-tems sans en venir aux mains, interrompt sa course & renvoye Phanés au Camp des Juifs; Adod s'étonne de le revoir. Azarias qui a ordre du Roi d'écarter la foule, les oblige de se retirer. Asser arrive & rend compte au Roi de sa démarche: il est suivi d'un Magicien, qui ne connoissant point le Roi, le traite de malheureux & de témeraire; émû enfin par les larmes & les sermens de Saül, il satisfait à sa demande, & évoque l'ombre de Samuel. On entend des voix souterraines lui répondre à reprises par ces paroles suivantes:

Ah! nous reconnoissons la voix qui nous appelle.
Parle, & bien-tôt les mortels éperdus
Verront pour vanger ta querelle,
La Terre & le Ciel confondus.
Apprend de quel mortel la voix s'adresse à toi;
Reconnois ton erreur: c'est Saül, c'est ton Roy.

Dans le fond du tombeau ranimez-vous, poussiére ;
Ombre, revoyez la lumiere.

Samuel apparoît, mais avec un air mêlé de terreur & de majesté.. Aprés une énumeration de tous les crimes de Saül, il lui en retrace le châtiment prochain & disparoist. Saül tombe en foiblesse, Jonathas, Josué, Adonias entrent dans ce moment ; l'évanoüissement du Roi dans les bras d'Asser, la presence du Magicien, & quelques autres circonstances jettent les Princes, & particulierement Jonathas, dans de cruelles allarmes. Saül enfin revenant à lui se retrouve au milieu de ses enfans, qui le pressent avec larmes & avec gemissemens, de leur apprendre quel nouveau sujet a pû irriter sa douleur. Il le leur cache quelque tems & leur ordonne même de partir pour Jerusalem, sous des pretextes specieux. Piquez d'un ordre si injurieux à leur gloire, ils refusent d'obéïr ; Saül est contraint de leur dire l'apparition de l'ombre de Samuel & le fatal oracle qui les envelope dans son malheur. Déja le Philistin sort de ses retranchemens, & force le Camp de Saul. Sur la nouvelle qu'il en reçoit, sa vertu se réveille tout à coup, il sort aussi-tôt pour combattre, & semble bien moins courir à sa perte qu'à son triomphe.

INTERMEDE.

CHOEUR DE JUIFS.

Une voix.

O Ciel ! Saul ici combat pour ta querelle,
Voudrois-tu confondre son zéle ?
C'est le premier des Rois de ce peuple choisi,
Qu'ont separé tes soins du reste de la terre ;
Beni tous les transports dont son cœur est saisi,
Que sa victoire acheve une sanglante guerre.
O Ciel ! ne permets pas que ces funestes lieux
Soient arrosez d'un sang si précieux.

Le Chœur.

O Ciel, ne permets pas, &c.

Une voix.

C'est le sang d'Abraham, c'est cette sainte Race
De qui ta main toûjours releva la disgrace ;

D'une juste fureur épris ,
Tu peux déployer ta vengeance ;
Mais tous tes soins sur nous répandirent un prix
Qui nous rend maintenant dignes de ta clemence.

Le Chœur repete.

O Ciel , ne permets pas que ces funestes lieux
Soient arrosez d'un sang si précieux.

Une Voix.

Non , non , la mort la plus sanglante
N'a rien de plus cruel que cette affreuse attente.
Quels bruits confus ! quels cris percent les airs ?
Le jour est obscurci de mille traits divers.
Helas ! où va pancher la victoire cruelle ?
Ou plûtôt dans ce jour une nuit éternelle
Va couvrir l'Univers.

Une autre.

Seigneur , que ton couroux ne soit plus inflexible !
D'un peuple qui t'adore écarte les malheurs :
Epargne notre sang , sois content de nos pleurs ;
Rappelle à tous nos maux ta bonté si sensible.
Qu'un superbe ennemi qui méprise ta loi ,
Puisse éprouver en toi
Un Dieu vangeur , un Dieu terrible.

Le Chœur.

O Ciel , ne permets pas que ces funestes lieux
Soient arrosez d'un sang si precieux.

CINQUIE'ME ET DERNIER ACTE.

SAUL a confié les jours d'Adonias à la sagesse d'Asser. Ce jeune Prince ne peut souffrir qu'on l'empêche d'aller au combat , il échape à toutes leurs précautions , & va se jetter dans le péril où il succombe après avoir signalé sa mort par des efforts de valeur au dessus de son âge. Achis victorieux penetre jusques dans la tente de Saül. Arbas le détourne de suivre la victoire jusques au bout. Achas chargé de sçavoir la destinée personnelle de Saül , n'en peut donner aucune lumiere positive au

Roy Philistin & lui apprend seulement qu'on lui amene deux Prisonniers qui laissent voir toutes les marques de grandeurs & de distinction. C'est Jonathas & Josué. Le premier meurt de ses blessures aux yeux du Tiran, après avoir couronné sa destinée par tout ce que la valeur & la religion peuvent inspirer de sentimens plus grands & plus nobles. Josué ne lui parle pas avec moins de force & de dignité. La nouvelle de la défaite entiere & de la mort de Saül n'avoit fait que relever davantage leur fierté. Achis aigri, envoye Josué au supplice, & ordonne qu'on donne en spectacle les têtes de Saul & de tous ses enfans. David accourt, n'oublie rien pour leur en épargner l'infamie : ses pleurs & ses remontrances sont inutiles, il se répand dans tous les plus tendres & les plus vifs regrets que la tendresse & la pieté pouvoient exciter dans son cœur.

INTERMEDE.

CHOEUR DE JUIFS.

Une Voix.

O Courroux invincible !

Une autre.

O du Ciel irrité vangeance trop terrible !

Tous deux.

L'objet de tant de soins, l'objet de tant d'amour,
Israël perit en un jour.

Le Chœur.

O courroux invincile !
O du Ciel irrité vangeance trop terribble !

Une autre Voix.

Témoin de nos malheurs pour la premiere fois,
O Mont de Gelboé teint du sang de nos Rois,
Que tes champs fortunez de carnage complices,
Ne soient point les champs des prémices.

Une autre.

O filles d'Israël, pleurez sur ces malheurs;
Que l'éclat de vos yeux s'éteigne dans vos pleurs.
Saul vient de perdre la vie,
Une barbare main
Seconde sa cruelle envie,
Et prête à son grand cœur un secours inhumain:
Vous ne porterez plus sur vos têtes charmantes
Les dons brillans de ses mains bienfaisantes.
O filles d'Israël, pleurez sur ces malheurs,
Que l'éclat de vos yeux s'éteigne dans vos pleurs.

Le Chœur.

O filles, &c.

Une voix.

Toi qui loin d'Israël écartant les allarmes,
Partant d'exploits fameux benîs toujours ses armes,
Ciel, quels desseins secrets
Cachoient tes augustes Decrets,
Helas! préparois-tu la gloire
Que donne aux Philistins sa sanglante victoire.

Le Chœur.

O filles d'Israël, &c.

Fin du cinquiéme & dernier Acte.

ACTEURS ET PERSONNAGES DE LA PIECE.

SAUL, Roi d'Israël.
NICOLAS FRANÇOIS BRIQUET, *de Paris.*

ACHIS, Roi des Philistins.
PIERRE LE GENDRE, *de Paris.*

Fils de Saül.
- JONATHAS.
  CLAUDE DE VABOIS, *de Monferand.*
- JOSUE'.
  JACQUES POITEVIN DE VILLIERS, *de Paris.*
- ADONIAS.
  GUY MARIE DE LOPRIAC DE COETMADEU, *de Rennes.*

DAVID, Gendre de Saül, & retiré auprés d'Achis.
CLAUDE-GUILLAUME DUPUY, *de Paris.*

ABNER, Prince du sang de Saül.
FRANÇOIS ANFRYE, *de Roüen.*

ASSER, Confident de Saül.
FRANÇOIS EDME BRETHE DE CLERMONT, *de Paris.*

Princes de la Cour de Saül.
- ADOD.
  LOÜIS-NICOLAS ROCHER, *de Paris.*
- PHANE'S.
  GUY-MARIE DE LOPRIAC DE COETMADEU, *de Rennes.*
- AZARIAS.
  PHILIPPE ROMAIN DELBOSC, *de Paris.*

L'OMBRE DE SAMUEL.
JEAN-BAPTISTE LE FEBVRE, *de Paris.*

LE PYTONIEN.
FRANÇOIS ANFRYE, *de Rouen.*

ARBAS, Amalecite de nation, Général de l'Armée d'Achis.

JEAN-BAPTISTE LE FEBVRE, *de Paris.*

ACHAS, Philistin, Général de l'armée d'Achis.

FRANÇOIS EDME BRETHE DE CLERMONT, *de Paris.*

Annoncera la piéce.

PIERRE LE GENDRE, *de Paris.*

Annoncera les prix.

NICOLAS FRANÇOIS BRIQUET, *de Paris.*

www.ingramcontent.com/pod-product-compliance
Lightning Source LLC
LaVergne TN
LVHW050520160826
845677LV00004B/1237

* 9 7 8 2 3 2 9 6 2 4 5 4 9 *